AF414075

Apuntes sobre la Reforma Laboral de 2012

Las reglas del juego han cambiado

José María Rodríguez Arias

«Una Bitácora de Jomra»

Apuntes sobre la Reforma Laboral de 2012

© 2012, José María Rodríguez Arias
1ª Edición impresa.

Impresión bajo demanda por Lulu.com

ISBN: 978-84-615-8018-7

Sumario

Introducción

El pasado 10 de febrero el gobierno de Mariano Rajoy aprobó una importante y amplia reforma legal, mediante Real Decreto-ley 3/2012, de 10 de febrero, de medidas urgentes para la reforma del mercado laboral. Esa reforma se aprobó sin diálogo alguno, sin discusión o debate, sin previo aviso... Y se merece una explicación.

El presente documento recoge una serie de anotaciones publicadas en «Una Bitácora de Jomra»[1] durante febrero de 2012, una primera aproximación a la reforma y una serie de artículos bajo el nombre de «Apuntes sobre la Reforma Laboral» que pretenden resumir una parte del documento aprobado por el gobierno. Algunas cuestiones, como es toda la reforma de la ley de procedimiento laboral, quedan excluidas de este «resumen».

Pero: ¿Qué encontrará el lector en este *libellus*? Comencemos con lo que no encontrará: No es un análisis jurídico pormenorizado ni un trabajo académico, se aleja bastante de ambas posibilidades. El lector encontrará un resumen sobre qué ha cambiado en la legislación desde una visión personal y crítica sobre la reforma, en un lenguaje que pretende ser accesible a todo mundo.

Los distintos apartados corresponden, cada uno de ellos, a un artículo publicado en la Web, se mantiene tanto el lenguaje como el formato de lo escrito, se eliminan los enlaces existentes, dejando a pie de página las referencias hacia páginas webs externas o menciones a otros artículos de la Bitácora no publicados en esta antología. Se han corregido, eso sí, algunas erratas y eliminado los paréntesis que solo recogían enlaces a artículos acá publicados.

Por último, espero que la lectura sea entretenida y sirva para algo.

Un golpe llamado reforma laboral

Publicado en el BOE el **Real Decreto-ley 3/2012, de 10 de febrero, de medidas urgentes para la reforma del mercado laboral**. La reacción de los sindicatos mayoritarios ha sido tímida: Movilizaciones primero, luego ya se verá[2]. Ya avisan que dependerá de la acogida de las primeras, creo que las centrales sindicales se dan por vencidas, aceptan que no tienen capacidad de convocar una gran huelga general, como la del 2002 (la del 29-S no fue *tan* grande) y prefieren perder sin luchar y que se les vea enteros que parecer que han perdido, por más que haya sido cumpliendo su función (dicen ser sindicatos de clase): Luchando. Otros sindicatos ya montaron movilizaciones el mismo 10[3].

Les prometo una opinión larga y farragosa (sí, así me las gasto con las promesas) cuando haya podido analizar con profundidad la larga reforma, sí quiero dejar clara una primera impresión: Esta reforma rebaja a niveles increíbles los derechos de los trabajadores, no elimina la complejidad de muchos «tipos de contrato» sino que crea nuevos, no ayuda a clarificar las causas del despido sino que las amplía e incluso suprime (¡¿un año de periodo de prueba!? y para cualquier puesto, sí, cualquiera, para dependiente, un año, para limpiador de cristales, un año, para barrendero, un año, para médico, un año... ¿qué sentido tiene? Fácil: que en vez de contratos temporales -media de 9 meses- se hagan contratos de estos indefinidos que son aun más precarios, durante un año se puede despedir sin pagar nada, este año ya se tenía que pagar 9 días por año trabajado con los contratos temporales, así se intenta «incentivar» lo «indefinido» sobre «lo temporal», haciendo que lo temporal dure más tiempo y tenga más derechos que lo indefinido, y no por mejorar a lo temporal), no apoya, como dijeron, la contratación a tiempo parcial (uno de los nuevos tipos de contrato -para pymes- es solo a jornada completa, ¿por qué?), se bonifica más la contratación de personas que cobran el paro, en detrimento de los que no lo hacen (así que no hay incentivos para contratar a un parado sin prestación, pero sí para un parado con prestación, ¿está el gobierno más preocupado en colocar a los parados que le cuestan que a los que no le cuestan, aunque su situación sea más precaria?), la reforma no cambia el patético e ineficiente sistema de bonificaciones a la contratación, sino que insiste en el mismo (¡y esto lo criticaba, y con razón, el PP!).

Y la reforma abarata el despido. Otra vez. El despido improcedente, se entiende. Y se amplía el despido libre y gratis (en ese año de prueba). Y se amplían las causas objetivas para el despido, lo que es peor, se invierte la carga de la prueba.

De paso, pero solo de paso: ¡se han cargado la negociación colectiva! El descuelgue del convenio será más fácil que nunca, ¡valiendo las pérdidas previstas para realizarlo! Lo peor es que es una presunción, toca a la parte que va contra ella (los trabajadores, por ejemplo), probar que la presunción no es cierta, lo que lleva a una inversión de la *invertida* carga de la prueba, esto es, a que los trabajadores, en términos prácticos, no nos podamos defender judicialmente con pruebas imposibles.

También se acabaron los ERE, no es que ya no se produzcan despidos colectivos, sino que para eso ya no se necesitará de autorización administrativa. ¿La razón para cargarse los ERE? Es que salían caros. En serio, lean la exposición de motivos (básicamente dicen que las empresas, durante el periodo de consulta y para que no se impugnara el ERE en vía tanto administrativa como judicial, tendrían a pagar altas indemnizaciones, y eso no está bien -para el gobierno-, así vuelve más fácil el despido colectivo). Así me gusta: Para que se contrate más se favorece el despido.

¿Sirve? No, pero así imponen una agenda que pedían también en tiempos de vacas gordas, ¿cómo no colarlo en las vacas flacas?

Hablando de tiempos, en el 2002 intentaron cargarse los salarios de tramitación, ahora vuelve la burra al trigo, y se columpian de lo lindo: Se pagarán esos salarios solo si, tras la declaración de improcedencia, el empresario decide readmitir al trabajador. ¿Perdón? En el 2002 tras la Huelga General se restituyeron los salarios de tramitación en parte, ahora, con los mismos, se incentiva que el empresario nunca decida readmitir al trabajador, al menos en todos los casos en que: a) el juicio sea largo; b) el trabajador llevara poco tiempo en la empresa. Le saldría más caro readmitirle que pagarle los 45 días / año, o los 30 o los 33, dependiendo de qué tipo de contrato tuviera.

En fin...

Excurso: Los votantes del PSOE se podían sentir traicionados por ese partido tras las reformas del 2010, contando el decretazo laboral y otras medidas antisociales, ahí el PSOE hacía lo contrario a lo prometido, ustedes, trabajadores que votaron al PP, nos han fastidiado a todos, el PP no quería hablar de su reforma laboral, pero no eran desconocidos sus planes, la literalidad de la letra sí, pero no la música.

Igualando a la baja

En la exposición de motivos de la Reforma Laboral aprobada por el gobierno este viernes encontramos:

«La tradicional indemnización por despido improcedente, de 45 días de salario por año de servicio con un máximo de 42 mensualidades, constituye un elemento que acentúa demasiado la brecha existente entre el coste de la extinción del contrato temporal y el indefinido, además de ser un elemento distorsionador para la competitividad de las empresas, especialmente para la más pequeñas en un momento como el actual de dificultad de acceso a fuentes de financiación.

Por ello, el presente real decreto-ley generaliza para todos los despidos improcedentes la indemnización de 33 días con un tope de 24 mensualidades que se ha venido previendo para los despidos objetivos improcedentes de trabajadores con contrato de fomento de la contratación indefinida. Con esta generalización se suprime esta modalidad contractual, que se había desnaturalizado enormemente tras la última ampliación de los colectivos con los que se podía celebrar dicho contrato.»

Hace unos meses les contaba la evolución del Contrato de Fomento de la Contratación Indefinida[4], de cómo una medida temporal se había colado como algo *casi* permanente en nuestro sistema, que cada vez afectaba a más gente. Pues bien, **ahora ese contrato es el que se vuelve «para todos»**, contando a los que no lo firmamos (desde ayer mi indemnización, si me despiden de forma improcedente, se contará a 33 días todo el periodo que supere el día de ayer).

En aquella ocasión comenté:

«¿Cómo es posible que una medida temporal la hayamos visto funcionar casi ininterrumpidamente entre el 97 y estos días, visto fracasar, y en vez de eliminarla se vaya ampliando cada vez más? Porque pudo nacer como temporal, pero contiene el germen de lo que los empresarios llevan años pidiendo: Un despido más barato. En algún momento todos los nuevos contratos indefinidos o todas las conversiones de temporales a indefinidos serán de este tipo de "fomento de la contratación indefinida".»

Me equivoqué en algo: No sirvió para que poco a poco todos los contratos se fueran transformando en estos, sino que se ha preferido cambiar a los que teníamos otros contratos a este, pero llamándole «indefinido», sin más. Esto es: Nos han igualado a todos a la baja. Y han rebajado, por supuesto, el coste del despido.

El PP públicamente llevaba un tiempo prometiendo que no abaratarían el despido y acusando al gobierno del PSOE de reformas pensadas *para despedir* y no para contratar, por ejemplo, Soraya Sáenz Santamaría en el Congreso[5] (el 23 de junio de 2010, vía Escolar[6]):

«Señorías, llegaron al Gobierno presumiendo de talante, y a golpe de decreto lo han enterrado para siempre. [...] Han despreciado las formas, señorías, pero, lo más importante, se han equivocado en el fondo. El Gobierno se ha equivocado en el contexto, en el enfoque, en el contenido y en la redacción de esta reforma. [...] El decreto del Gobierno no está planteado para contratar sino para despedir y lo que necesita España no es facilitar el despido, no es fomentar la salida, sino fomentar la contratación. Tanto se han empeñado en demostrar a los de fuera que eran capaces de tomar decisiones dolorosas que se han olvidado de lo importante, que esas decisiones han de ser eficaces y justas.»

(Eso de «empeñado en demostrar a los de fuera que eran capaces de tomar decisiones dolorosas» viene al pelo a las *pilladas* a Rajoy -*fardando* de posible Huelga General- o De Guindos -*pavonéandose* de lo agresiva de la reforma-.)

O González Pons[7] allá por octubre de 2011: «El Partido Popular no va a apoyar abaratar el despido en ningún caso.» O en el *Twitter oficial del PP* (que no lo enlazo porque llega hasta el 31 de octubre el histórico, pero pueden ver una captura acá[8]*), o Rajoy en el debate... Ya entienden por dónde va la cosa. Pues bien, en el segundo bloque de la Exposición de Motivos nos encontramos esto:

> «[F]avorecer la eficiencia del mercado de trabajo como elemento vinculado a la reducción de la dualidad laboral, con **medidas que afectan principalmente a la extinción de contratos de trabajo** (capítulo IV).»

En otras palabras, para mejorar la eficiencia del mercado, **despido más barato** (y sencillo) **para todos**. ¿Saben cómo se reduce la dualidad temporales-fijos en esta reforma? Simple: **Volviendo a los fijos iguales que los temporales: Empleo precario**, sin derechos y con indemnización baja. Durante un año para mucha gente (se reconoce que son el 99% de empresas las que podrían celebrar estos contratos) un periodo de prueba de un año (esto es: indemnización cero y sin causa para la extinción), para el resto, más despidos a 20 días (el temporal llegará, en el 2015, a 12 días por año) y 33 el improcedente.

*Excurso: Sin que tenga nada que ver, esta limitación de Twitter me ha hecho recordar esta entrada: «Es que no caben argumentos»[9], no solo no caben los argumentos, tampoco cabe la memoria (léase *hemeroteca*).

EL DESPIDO Y SU INDEMNIZACIÓN

¿Ya se leyeron la reforma laboral? Deberían. Se fijarán, rápidamente, como algunas cuantas de las normas mencionadas por la vicepresidenta en la rueda de prensa tras el Consejo de Ministros que aprobó la reforma no se encuentran en el «cuerpo» de la norma, sino que son *pegotes* que están en las disposiciones adicionales o finales del Real Decreto Ley 3/2012. No son, ni de lejos, el «centro» o «contenido» de la reforma, pero el gobierno prefirió hablar de esos temas (algunos populares y populistas) en vez de entrar en la reforma realmente.

Hay un tema que no es menor pero tampoco es el principal, pero sí que suele centrar los debates públicos: El despido. Algo ya mencioné la primera entrada de esta *saga*, acá me detendré en ver los cambios que se dan en: Despidos colectivos, extinciones objetivas, indemnización del despido improcedente (sea objetivo o disciplinario) y Fondo de Garantía Salarial.

DESPIDOS COLECTIVOS

¿Se acuerdan de los ERE? Sí, claro que se acuerdan, todos los días, desde hace tres años, escuchamos sobre alguno, o por el tema de Andalucía y lo de las subvenciones mal usadas y tal. Bien, ¡se acabó el problema! No, no es que desaparezcan los despidos colectivos, no señor, lo que desaparecen son los ERE. Esto es, desaparece la figura del Expediente de Regulación de Empleo. Hasta este momento para hacer una extinción colectiva de contratos de trabajo había que realizar todo un proceso ante la Autoridad Laboral que, si no había acuerdo entre trabajadores y empresarios, era quien decidía si procedía o no procedían los despidos. ¿Ahora? ¡El empresario decide! Así es, **a falta de acuerdo, el empresario decide**. Esto se ha obrado modificando el artículo 51 del Estatuto de los Trabajadores (ET en adelante) y el punto i) del apartado 1 del art. 49 del ET.

¿Solo ha cambiado eso? No, realmente no. Se ha abierto las puertas de las causas. En la anterior redacción de ese precepto se requería, en las causas económicas, que las mismas «puedan afectar a su [de la empresa] viabilidad o a su capacidad de mantener el volumen de empleo», la empresa, además, debía acreditar los resultados y justificar que la medida (los despidos) son razonables con el fin de «preservar o favorecer su posición competitiva en el mercado». Eso cambia radicalmente, simplemente se menciona el tema de «situación económica negativa» y se establece que «se entenderá que la disminución [de ingresos] es persistente si se produce durante tres trimestres consecutivos». Ojo: Disminución de ingresos, no pérdidas. Se puede tener disminución de ingresos y mantener beneficios (el BBVA o el Santander son ejemplo de esto).

En las causas técnicas, organizativas, de organización o de producción se elimina el requisito de acreditar las mismas y justificar la razonabilidad de la medida para mantener la competitividad de la empresa, o que si no se producen las extinciones la viabilidad de la empresa corre peligro o no se podrá mantener el volumen de empleo existente. En otras palabras, se mencionan las causas pero no se pone requisitos para que las mismas justifiquen el despido, ni se requiere que el no despedir cueste a la empresa algo (por ejemplo, ponga en peligro su viabilidad).

¿Ven lo profundo que es el cambio? No solo se ha eliminado el procedimiento administrativo (lo cual facilita, y mucho, el realizar estos nuevos ERE que no son ERE), sino que se han quitado requisitos de *necesidad extrema* para poder realizar los despidos colectivos, abriendo la puerta a facilitar dichos despidos y dificultando el control judicial de los mismos (muchas veces se echan para atrás por no concurrir los requisitos de razonabilidad para garantizar la viabilidad o reforzar la posición competitiva, ahora que se quita ese requisito, ¿en base a qué se puede reclamar?). En otras palabras: **El trabajador está más indefenso ante los despidos colectivos**.

Por cierto, antes de acabar este epígrafe, quiero que lean este párrafo de la exposición de motivos:

«La caracterización del despido colectivo, con un expediente administrativo y posibles impugnaciones administrativas y judiciales, se ha revelado contraria a la celeridad que es especial-mente necesaria cuando se trata de acometer reestructuraciones empresariales. De ahí seguramente la tendencia a alcanzar acuerdos con los representantes de los trabajadores durante el período de consulta como modo de asegurar la autorización por parte de la autoridad laboral. Sin embargo, ello se ha hecho muchas veces a costa de satisfacer indemnizaciones a los trabajadores despedidos por encima de la legalmente prevista para este despido. Se desnaturaliza así, en buena medida, el período de consultas con los representantes de los trabajadores que, en atención a la normativa comunitaria, deben versar sobre la posibilidad de evitar o reducir los despidos colectivos y de atenuar sus consecuencias, mediante el recurso a medidas sociales destinadas, en especial, a la readaptación o la reconversión de los trabajadores despedidos.»

Eso sí, se incluye la necesidad de que las empresas con beneficios que despidan a más de 100 personas mayores de 50 años paguen al tesoro público unas cantidades (ya existía esta obligación, se cambia el número de los despidos) o cuando los despedidos son más de 50 debe existir un plan de recolocación con temas de formación y orientación laboral que no deben pagar los trabajadores... Esto es lo que entiende el gobierno como «equilibrio», te dan una paliza y te recomiendan un médico.

EXTINCIONES OBJETIVAS

Esta parte la comenzaré explicando gracias a la exposición de motivo (esta es de las veces en que esa parte de la norma explica perfectamente lo que el gobierno quiere, también su ideología al poner en blanco y negro los «problemas» que ve y el diagnóstico que hace para, luego, decidir la «medicina»):

Por su parte, los despidos objetivos por las mismas causas han venido caracterizándose por una ambivalente doctrina judicial y jurisprudencia, en la que ha primado muchas veces una concepción meramente defensiva de estos despidos, como mecanismo para hacer frente a graves problemas económicos, soslayando otras funciones que está destinado a cumplir este despido como cauce para ajustar el volumen de empleo a los cambios técnico-organizativos operados en las empresas. Lo que seguramente explica que las empresas se decantaran a menudo por el reconocimiento de la improcedencia del despido, evitando un proceso judicial sobre el que no se tenía demasiada confianza en cuanto a las posibilidades de conseguir la procedencia del despido, debiendo, por tanto, abonar la indemnización por despido improcedente más el coste adicional que suponían los salarios de tramitación.

En otras palabras: Cumplir las causas existentes (que se relajaron y ampliaron en las últimas reformas, al punto que se eliminó la necesidad de «amortizar» el puesto de trabajo en las causas económicas, también se incorporó el absurdo concepto de «pérdidas previstas») era difícil, volvamos las causas tan abiertas que su contenido, básicamente, queda «a lo que decida el empresario».

Las causas del despido objetivo («extinción del contrato por causas objetivas») están recogidas en el art. 52 del ET, las causas económicas, técnicas, organizativas o de producción son las mismas que para el despido colectivo (la diferencia está en el número de personas a las que afecta), por remisión realizada por el art. 52.1.c) del ET, así que lo mismo: disminución de ingresos durante unos trimestres ya presume existencia de causa para el despido. Las demás causas ya no requieren que mejoren la capacidad competitiva o garanticen la viabilidad de la empresa para que procedan. Recordemos que el despido objetivo tiene una indemnización de 20 días por año trabajado con límite en 12 mensualidades (art. 53.1.b) del ET). Por esta vía se ha abierto, y mucho, la posibilidad de despidos procedentes.

Una situación hipotética: El empresario decide cambiar la organización de un departamento, ahora le sobra una persona, la despide. Con la legislación anterior tenía que justificar que ese despido mejoraba la competitividad de la empresa o garantizaba el futuro de la misma, algo difícil de probar (más cuando son cambios «a ojo», como hacen la mayoría de empresas), así que despido improcedente al canto, ahora con argumentar el cambio de la técnica organizativa vale para considerar el despido procedente. Realmente se invierte la carga de la prueba: Antes el empresario debía probar que la causa existe, ahora es el trabajador quien debe probar que la causa no existe (o que es un despido por «otros motivos», distintos a la causa alegada).

De paso se varía la redacción del art. 52.1.b, que trata sobre la falta de adaptación del empleado a los cambios producidos en su puesto de trabajo, ahora se obliga a dar formación (antes era una posibilidad) a cargo de la empresa (dará problemas, no todo cambio en un puesto requiere formación externa o reglada). En cuanto a las ausencias aun justificadas (art. 52.1.d del ET), se ha producido un importante cambio: Antes era razón de despido solo si el absentismo en la empresa era alto (2.5% en los mismos periodos), ahora solo se computa personalmente y es independiente de otras consideraciones (lo cual abre las puertas por este lado también a los despidos objetivos). En consonancia a la nueva forma de ver las cosas (el despido objetivo es más difícil de atacar por parte del trabajador, o mejor dicho, más fácil de justificar o tomar por parte del empresario) se ha cambiado la redacción de un párrafo del art. 53.4 del ET.

INDEMNIZACIÓN POR DESPIDO IMPROCEDENTE Y SALARIOS DE TRAMITACIÓN

La madre del cordero para la prensa. Para mi gusto el tema ha perdido harta relevancia en tanto que ahora buena parte de los despidos serán procedentes. Es importante entender que este cambio ha igualado a la baja los contratos indefinidos con los Contratos de Fomento de la Contratación Indefinida[10] (que han sido derogados, por la Disposición Derogatoria Única, letra a) del apartado 1), la indemnización pasa de

45 días por año trabajado con un límite de 42 mensualidades (una persona que cobra mil euros al mes cobraría de indemnización máxima 42 mil euros, esto es, tres años y medio de salario) **a 33 días por año de trabajo con un límite de 24 mensualidades** (ese mismo *mileurista* ahora tendrá una indemnización máxima de 24 mil euros, dos años de salario), para ello se ha modificado el art. 56.1 del ET.

Para los que han sido contratados antes de la entrada en vigor de este RDL 3/2012 la indemnización es compuesta (también para los que tuvieran el CFCI cuando son despidos disciplinarios declarado improcedente), dicha indemnización se regula en la Disposición Transitoria Quinta de dicho RDL, donde se establece que el importe máximo son 720 días de salario (24 mensualidades cuando usamos el cálculo legal de todos los meses como de 30 días), dicho límite se puede superar si el cálculo de la parte de la indemnización a 45 días por año supera los 720 pero es inferior al límite previo (de 42 mensualidades), en ese caso se cobra esa parte y nada más.

Ejemplos: Una persona fue contratada el lunes 13 de febrero de 2011 y despedida el 12 de febrero de 2013, cobrará de indemnización 78 días de salario (si aplicamos la indemnización antigua cobraría 90 días). Una persona fue contratada el 13 de febrero de 2002 y despedida el

12 de febrero de 2014, cobrará una indemnización de 516 días (540 con la anterior legislación). Una persona fue contratada el 13 de febrero de febrero de 1996 y despedida el 12 de febrero de 2024, tendrá una indemnización de 720 días (en vez de los 1260 días con la antigua indemnización)... La diferencia entre la expectativa cuando se firmó el contrato y lo que finalmente se cobra puede ser bastante. Pero como digo, importa poco, la mayoría de despidos serán procedentes (20 días con límite de 12 mensualidades, con lo que el primer caso será la indemnización de 40 días, 240 días y 360 días -si el empresario se estira, 365-, respectivamente).

¿Y lo de los salarios de tramitación? En términos generales, gracias a la reforma del art. 56.2 del ET, **se elimina el pago de los salarios de tramitación**. Esto ya le costó una huelga general en el 2002 al PP, 10 años después vuelve a las andadas (ojo, en esa época estábamos en bonanza económica, y los argumentos son los mismos), si bien ya existían «trucos» para no pagarlos (se adelantaba o aceptaba la improcedencia y ya), ahora solo se pagan si el empresario decide readmitir al trabajador, si opta por indemnizar el despido improcedente, ya no tiene que pagar los salarios de tramitación (que funcionaban como una «segunda indemnización», habida cuenta de lo bajas que son las regulares por el poco tiempo que duran los trabajos, y ayudaban a pagar el proceso judicial).

Esta es la explicación que da el RDL:

«[E]l no abono de los salarios de tramitación se justifica en que el tiempo de duración del proceso judicial no parece un criterio adecuado para compensar el perjuicio que supone la pérdida del empleo, pudiendo, además, el trabajador acceder a la prestación de desempleo desde el mismo momento en que tiene efectividad la decisión extintiva. Por lo demás, los salarios de tramitación actúan en ocasiones como un incentivo para estrategias procesales dilatorias, con el añadido de que los mismos acaban convirtiéndose en un coste parcialmente socializado, dada la previsión de que el empresario podrá reclamar al Estado la parte de dichos salarios que exceda de 60 días.»

Más que como incentivo para «estrategias dilatorias» funcionaba como incentivo para acudir a la justicia en caso de que el empresario no aceptara la improcedencia del despido desde un inicio (en la fase de conciliación o antes)*, ya que funcionaba como «amenaza» de un posible mayor coste (así el empresario que no las tenía todas consigo prefería aceptar en la mediación la improcedencia que someterse a un juicio donde pudiera ser declarada la improcedencia y tener que pagar, al menos, unos dos meses más de salario sobre la indemnización final).

Lo que hace la reforma es decirle al trabajador: *No te gastes, no vale la pena que intentes ir a los tribunales, lo más posible es que lo declaren procedente y, si no, es una birria de indemnización por despido improcedente y sin salarios de tramitación ni nada.*

*Había empresas que directamente te despedían reconociendo la improcedencia (ni intentaban hacer pasar por disciplinario o procedente el despido), así se ahorraban la previsible demanda y se aseguraban no tener que pagar los salarios de tramitación en todo caso.

Solo se mantienen los salarios de tramitación cuando el empresario decide readmitir al trabajador (con lo que parece improbable que los empresarios tomen esa ya rara decisión) o cuando el despedido sea un representante legal de los trabajadores o delegado sindical, opte por la indemnización o por la readmisión.

FONDO DE GARANTÍA SALARIAL

Uno de esos cambios que buscan que los trabajadores dejen de pedir la improcedencia de los despidos, se modifica el art. 33.8 del ET para que el *Fogasa* solo cubrirá los despidos procedentes de las empresas de menos de 25 trabajadores (en consonancia se cambia la previsión de cubrir el 40% de la indemnización por marcarlo en 8 días por año de servicio). Así pues, ahora ningún despido improcedente de esas empresas será cubierto por el *Fogasa*, el mensaje es claro para los trabajadores: *No pidan la improcedencia si creen que la empresa está corta de dinero, igual se quedan sin cobrar nada*.

CONSIDERACIONES FINALES

La reforma va mucho más allá de «abaratar el despido», en realidad lo que hace es «facilitar el despido barato», llamado *extinción por causas objetivas*, y en caso de que la jugada salga mal (declaración de improcedencia), ahí sí «abaratar el despido». Desde ahora el despido procedente será lo que más escuchemos en los tribunales, así que la indemnización más cobrada será la de 20 días por año trabajado con límite de 12 mensualidades (en 18 años ya se llega al límite).

Es importante la «inversión de la carga de la prueba» no declarada en la legislación, pero que en términos prácticos es lo que pasará cuando el empresario alegue una causa (y a la vista de lo amplias que ahora son) y el trabajador niegue que la misma exista al pedir la improcedencia, será el trabajador quien deba demostrar que la causa no se da, esto es, la improcedencia del despido, y ya me dirán cómo se hace esto cuando las causas son tan amplias o cuya presunción es tan difícil de derribar (sino imposible, como la caída de los ingresos).

Prometo hacer un ejercicio de resumen más profundo para los próximos apuntes. *Más o menos*. La madre del cordero, en todo caso, no está en esta parte (siendo importante), sino en la negociación colectiva y las posibilidades de modificación de las condiciones de trabajo sin acuerdo (o *con acuerdo*).

LAS REGLAS HAN CAMBIADO (I)

La tercera temática sobre la reforma laboral en esta saga de *apuntes*, «las reglas han cambiado», se dividirá en dos, por un lado, intentaré explicar los cambios en la **negociación colectiva** (uno de los puntos más importantes de la reforma) y, en la segunda entrega hablaré de esa «flexibilidad interna» que tanto está dando que hablar. Ya he mencionado que el tema de la indemnización por despido, aunque importante, no es el cambio central en cuanto a las relaciones laborales, incluso, dentro del despido, la cuestión no está tanto en la bajada de la indemnización por despido improcedente sino la apertura para los despidos procedentes y en el cambio de reglas para los colectivos.

Es un paso más al dado por el gobierno del PSOE con el Real Decreto Ley 7/2011, de medidas urgentes para la reforma de la negociación colectiva, en aquella ocasión comenté[11]:

«Esta reforma no es nada superficial, aunque se deja mucho para la negociación colectiva (tanto a nivel de sector como, sobre todo, a nivel de acuerdos interprofesionales), es la filosofía de la negociación la que radicalmente cambia, y puede que tarde más o menos en verse reflejado, pero esta reforma ha acabado con la negociación colectiva tal como la conocíamos: Adiós convenios sectoriales pormenorizados, hola convenios de empresa con peores condiciones que los sectoriales.»

Si en la anterior se dejaban temas a la negociación sectorial, en esta se da un paso al frente y se impide que la sectorial «afecte» al contenido de la negociación a nivel de empresa. Esto es, en donde se decía «en defecto de pacto en contrario la negociación colectiva a nivel empresarial tendrá primacía» se quita lo de «en defecto de pacto en contrario», así el Estado impide que en ámbitos superiores a la empresa se impongan condiciones o estructura de negociación a los ámbitos inferiores. Pero vayamos por partes.

ESTRUCTURA Y CONTENIDO DE LA NEGOCIACIÓN COLECTIVA

En el principio de los tiempos la estructura estaba clara: Convenio sectorial estatal – de ámbito inferior – de empresa. Dependiendo del sector habían más o menos niveles, más o menos convenios, más o menos estructura (hay ámbitos que aun hoy no tienen convenio sectorial estatal, pero donde son comunes los de empresa y los provinciales, por ejemplo). Ya la anterior reforma (la del *lejano* junio de 2011) se introdujo una serie de materias en que el convenio de empresa era prioritario «salvo pacto en contrario» en los otros niveles de negociación, así el convenio sectorial estatal podía decir que nada era prioritario del convenio de empresa o que todo lo era, así se introdujo un nuevo tema de negociación en los convenios sectoriales (superiores a la empresa): La prioridad y en qué de los convenios de empresa (entenderán que la cosa era así: las patronales queriendo que más cosas quedaran para el de empresa y los sindicatos queriendo que nada quedara para los mismos).

En esta ocasión la reforma de los apartados 1 y 2 del art. 84 del Estatuto de los Trabajadores (ET en adelante) para **dar primacía en todo caso a los convenios de empresa** en las siguientes materias (que básicamente son las recogidas en la anterior reforma):

- Cuantía del salario base y los complementos salariales;
- El abono o compensación de las horas extras y la retribución específica del trabajo a turnos;
- El horario y la distribución del tiempo de trabajo, el régimen de turnos y la planificación de vacaciones;
- La adaptación a la empresa del sistema de clasificación profesional (aunque lo veremos en otra entrada, se eliminan las

«categorías profesionales» y solo se dejan los grupos, con lo que es doblemente *flexibilizador* este apartado);
- La adaptación de los aspectos de las modalidades de contratación que se atribuyen a estos convenios por el ET;
- Medidas de conciliación de vida laboral y familiar;
- Otras que se dispongan en los acuerdos o convenios del art. 83.2 del ET (los acuerdos interprofesionales).

En otras palabras, salvo los derechos sindicales, temas de prevención de riesgos, planes de igualdad, formación y alguna cuestión más, básicamente pierden sentido los convenios colectivos sectoriales. Ya puede decir el sectorial que el salario en el sector para el Grupo A es de dos mil al mes, que llegas a una empresa y tienen un convenio propio donde dicen que de eso nada, que el salario es de mil nomás. Antes ese convenio de empresa hubiese sido ilegal, luego de la reforma del 2011 dependería su legalidad de lo que dijera el convenio sectorial y ahora es ilegal pretender que se aplique el sectorial en ese tema si es que existe uno de empresa (esta reforma, eso sí, nos la esperábamos[12]).

La mayoría de empresas en España son PYMES (lo dice el propio RDL aprobado por el gobierno), en las mismas es difícil pensar en negociaciones en igualdad de condiciones entre trabajadores y el empresario, con lo que el convenio de empresa será, básicamente, el texto que imponga el empresario, sin más respuesta que un «*gracias lisensiado*» (la errata es aposta) por parte de los trabajadores. Además que se dan otras armas al empresario para que termine imponiendo las condiciones que él quiere y cuya única alternativa, por parte del trabajador, es irse con una indemnización de 20 días por año trabajado con un límite de 9 mensualidades (peor que el despido procedente). **Se han cambiado profundamente las reglas y el terreno del juego**.

Se han cambiado otros puntos sobre el contenido de los convenios, así el art. 83.5 del ET se modifica para incluir, que salvo pacto en contrario, el tiempo de denuncia de un convenio antes del fin de su vigencia es de tres meses, que el convenio debe incluir el funcionamiento de la comisión paritaria, se han eliminado los reciente-mente creados tiempos para negociar el convenio y ciertas referencias al papel de las comisiones paritarias ya que las mismas pasan a ser atribuidas directamente al acuerdo entre empresario y trabajadores (y antes su conocimiento era de estas comisiones) o se vuelven prerrogativas del empresario (como es esa distribución irregular del 5% de la jornada, «salvo pacto en contrario»).

Se ha eliminado la posibilidad de que los acuerdos interconfederales marcaran un procedimiento y unos plazos a seguir para la negociación colectiva, y en esa reforma del art. 89.2 del ET, se eliminan los plazos para negociar un nuevo convenio y se establece un procedimiento sencillo: Desde la denuncia, un mes para contestar y montar la mesa negociadora y que las dos partes acuerden un calendario o plan de negociación.

Esta falta de plazos para negociar viene con una amenaza nueva: **La desaparición total del convenio denunciado** (y se aplicaría el convenio de ámbito superior). Algo que hasta ahora no pasaba. La patronal siempre se quejaba que una vez denunciado un convenio, este en todo lo «normativo» mantenía su vigencia hasta que el siguiente lo reemplazara (lo que se llama *ultra-actividad* del convenio), lo que permitía a los sindicatos negociar siempre o casi siempre al alza (el suelo lo tenían en el convenio denunciado), esto se matizó en la anterior reforma (la del PSOE) y ahora el PP lo finiquita: **En dos años tras la denuncia** del convenio (y todos los convenios denunciados antes, en dos años desde la entrada en vigor del RDL) sin que otro lo sustituya, este deja de existir (gracias a la nueva redacción del art. 86.3 del ET). Esto sí, «salvo pacto en contrario». Antes eran comunes, en épocas malas para los sindicatos, que estos tuvieran estrategias dilatorias (no firmaban nada a la baja), ahora será al contrario, el tiempo juega en favor del empresariado. Dirán que puede ser una forma, por parte de los trabajadores, de presionar para arriba, si el convenio de empresa es peor que el sectorial, empujar a que este en dos años tras la denuncia desaparezca... Claro, esto sería así si no se hubiese variado el contenido del art.82.3 del ET.

¿DESCUELGUE SALARIAL? ¡DESCUELGUE DEL CONVENIO!

Otra institución que ha tenido una inusual y trepidante evolución es la ya desaparecida del «descuelgue salarial». Para dar «flexibilidad» a los convenios se incluyó que en los mismos tuviera que haber siempre un apartado sobre el «descuelgue salarial», una forma de dar un plazo a las empresas para que se adaptaran a los nuevos convenios o a las revisiones salariales de los mismos. Si bien es cierto que muchas veces la cláusula era imposible de aplicar ya sea por lo tramposa de su redacción o ya por la inoperancia de las comisiones paritarias (comisiones que tras cinco años todavía no resuelven los temas planteados). La reforma del PSOE del 2011 trajo consigo un procedimiento común, dejó de ser materia a negociar en los convenios para tener un procedimiento que, además, era más fácil que la mayoría de cláusulas existentes, pero seguía dependiendo de la comisión paritaria y tal.

La reforma propuesta en el Real Decreto Ley 3/2012 da un triple salto mortal para adelante y plantea no ya un descuelgue salarial, sino un descuelgue del convenio. En particular, por acuerdo entre empresarios y trabajadores, el descuelgue se puede dar en los siguientes temas (art. 82.3 del ET, apartado que tiene el dudoso honor de haber sido tocado por cuatro reformas en dos años):

- Jornada de trabajo;
- Horario y distribución del tiempo de trabajo;
- Régimen de trabajo a turnos;
- Sistema de remuneración y cuantía salarial;
- Sistema de trabajo y rendimiento;
- Funciones -cuando exceda de lo previsto en el art. sobre movilidad funcional, esto es, el art. 39 del ET-;
- Mejoras voluntarias de la acción protectora de la SS.

Prácticamente el esqueleto de lo que es un convenio. Este descuelgue se puede hacer sobre cualquier convenio colectivo, también sobre el convenio de empresa. Se requiere, en este caso, que el empresario alegue causas económicas, técnicas, organizativas o de producción, y en este caso, como en los ya vistos para los despidos colectivos o los que veremos en la flexibilidad interna, se presume que hay causa económica cuando los ingresos se reduzcan durante dos trimestres consecutivos, y los criterios para las demás causas son los ya mencionados, completamente abiertos y faltos de *requisitos* reales. El procedimiento de consulta es el del art. 42.4 del ET.

Si no hay acuerdo entre empresario y trabajadores para este descuelgue, cualquiera de las partes puede elevar el tema a la Comisión paritaria del convenio, que debe pronunciarse en siete días, si no se pronuncia o no alcanza acuerdo, se puede acudir a los cauces previstos en los acuerdos interconfederales, incluido el arbitraje (cuyo laudo tendrá la eficacia de un acuerdo, esto es, muy difícil de impugnar), si las partes no se someten a estos mecanismos o los mismos no solucionan el problema, cualquiera de las partes puede ir a la Comisión Consultiva Nacional de Convenios Colectivos u órgano autonómico análogo (según el ámbito de los centros afectados) para que este decida por sí o nombre un árbitro, esto en 25 días, cuya decisión tendrá los mismos efectos que un acuerdo. **En este caso el empresario no puede «imponer» su decisión**, pero ya veremos cómo se comportan la CCNCC y los órganos autonómicos análogos en las comunidades de la derecha (*todas*, básicamente). Ahora bien, que no pueda imponer unas condiciones de forma colectiva no significa que no pueda hacerlo de forma individual, ahora puede, pero eso va en la siguiente entrega.

Consideraciones finales

La negociación colectiva, desde hoy, no se parece en nada a la existente hasta ayer, los convenios sectoriales quedan para temas más o menos marginales, esa igualdad de la que hablaba el PP[13] (*a igual trabajo igual salario*), que nunca ha existido, ahora es un imposible real y legal. Nos dice el PP que esta legislación nos acerca a países como Alemania o Francia y esto no es cierto, en ambos el convenio colectivo sectorial es lo que manda, y es justamente donde más se ha insistido el cambio, antes sí teníamos una legislación parecida a la alemana, ahora no, ahora tenemos una más parecida a Perú.

En España los trabajadores hemos estado muy acostumbrados a que nuestras condiciones laborales se decidan lejos de nosotros, siempre hemos querido mejoras pero nunca nos hemos tenido que fajar por las mismas (salvo en grandes empresas con convenios propios o colectivos que han tenido una mejor tradición de lucha y reclamo), con lo que no estamos nada acostumbrados a negociar y exigir nuestras condiciones de trabajo, que esto «baje» el nivel donde se debate y decide lo que hace es quitar «armas» (unidad) a los trabajadores y dársela a los empresarios (a ver quién es el guapo que se atreve a negociar cuando la espada de Damocles llamada despido pende sobre su cabeza).

La negociación colectiva lleva un par de años funcionando a medio gas, pendiente de las posibles reformas, los sindicatos insistían en negociar a sabiendas que toda reforma les perjudicaba, y por ello aceptaron cosas como una subida salarial de 0,5% nada más (muy por debajo del IPC), y todo, pero todo, lo que se había avanzado en las distintas mesas de negociación se vuelve papel mojado: Hay nuevos temas que debatir y muchos que se quitan del debate (por ejemplo, la primacía de qué convenio, hasta hace una semana era un punto de transacción ahora es lo que la ley marca).

Y todo esto mediante un giro de 180º de cómo se entendía y comprendían las relaciones laborales colectivas en el país. ¿Ahora ven por qué considero que esta es la parte más importante -y contraria a los intereses de los trabajadores- de la reforma laboral?

Las reglas han cambiado (II)

En el tercer *apunte* sobre la reforma laboral ya avisé que esta cuarta entrega (segunda parte de la temática «Las reglas han cambiado») se dedicaría a la llamada **«flexibilidad interna»**, la cual, la verdad, tiene bastantes aristas. Está íntimamente ligada al poder de dirección, mientras más «flexibilidad» exista significa que más poder tiene el empresario, hablamos de la capacidad del empresario, finalmente, para cambiar las condiciones contractuales o modificar algunos aspectos de la relación laboral. Dentro de este grupo de reformas encontramos las que atañen a los grupos profesionales, al tiempo de trabajo, a la movilidad funcional, a la movilidad geográfica, a modificaciones sustanciales de las condiciones laborales y a la suspensión del contrato o reducción de la jornada, incluiré también unas notas sobre la modificación sobre los contratos a tiempo parcial que me resulta extraña y que tiene como objeto flexibilizar estos contratos en particular.

¿Dónde está mi categoría?

Desaparece el concepto de «categoría profesional». Ya se había relajado mucho en las últimas reformas, al punto que lo obligatorio en los convenios era que se respetara los grupos, siendo muchas veces las categorías de carácter enunciativo. Aun así en muchos sectores las categorías eran no solo rígidas, sino claras y organizativas del trabajo. Pues bien, la reforma del art. 22 del Estatuto de los Trabajadores (ET en adelante) según la reforma aprobada por Real Decreto Ley 3/2012 mantiene la existencia de los «grupos profesionales» pero elimina de raíz el concepto de «categoría». El «grupo profesional» (dentro del que antes cabían las categorías, definidos normalmente por el tándem *título* y *responsabilidad*). Se mantiene, para estos grupos, la preferencia de la «negociación colectiva» frente a los «acuerdos de empresa» para su fijación.

De paso se cambia, y esto influye en el salario de los trabajadores polivalentes, el concepto de «funciones prevalentes» que era la guía para asignar a un trabajador que desempeña funciones de varios grupos a uno determinado por el concepto «la que desempeñe por más tiempo», así pues el ambiguo de «función prevalente» se cambia por una medición taylorista del tiempo que desempeña una persona. Voy a poner un ejemplo absurdo para que se vea el cambio, pongamos que una persona es administrativa y responsable de un centro, pero también lleva la limpieza, ¿a qué grupo pertenece? Pues al que dedique más tiempo, que seguramente no es la dirección del centro, pueden ser las labores administrativas o, incluso, las de limpieza. Su salario se determina por las funciones que más tiempo le lleven. Antes su salario se determinaría por la «prevalente», que permitiría, por ejemplo, una negociación entre el empresario y el trabajador para definir como prevalente las labores de dirección o las administrativas y acordar, por ejemplo, un plus por dirección. Y sin acuerdo, el trabajador podía ir a la judicatura y reclamar que, aunque ocupa más tiempo limpiando, más importante, y por ello prevalente, era su trabajo de dirección o responsable del centro. Ahora solo podrá reclamar si es la labor que más tiempo le lleva. Y es el empresario quien, en su poder de dirección, decide cuánto tiempo emplea el trabajador en cada tarea.

Tiempo de trabajo: 5% a distribuir irregularmente

Un cambio curioso, se incorpora al art. 34.2 del ET la posibilidad de que, en defecto de pacto en contrario, la empresa pueda realizar un distribución de manera irregular a lo largo del año del 5% de la jornada (en un sector con 1771 horas eso significan 88 horas y media más o menos). En la última reforma se incorporó este aspecto (del 5% y tal) en las labores de las comisiones paritarias (aprobar distribuciones irregulares a falta de existencia de una previsión concreta o contraria en el convenio sectorial), ahora pasa a ser una prerrogativa empresarial. Es una previsión que cada vez tiene menos sentido teniendo en cuenta que desde ya hace años la jornada se cuenta anualmente (a falta de pacto en contra) y que en la mayoría de sectores ya existe esta distribución irregular. Digamos que esto sirve, en todo caso, como una distribución irregular dentro de la jornada ya irregular.

MOVILIDAD FUNCIONAL

La reforma del art. 39 del ET busca facilitar la movilidad funcional y adaptar la legislación a la eliminación de las categorías (por ejemplo, la movilidad funcional permitida sin problemas era entre categorías equivalentes, esa previsión ya no tiene sentido ante el cambio ya mencionado), así se elimina el requisito de que la movilidad, cuando es a un grupo inferior, deba realizarse por «necesidades perentorias o imprevisibles de la actividad productiva», se mantiene el requisito, mencionado sin más, de «razones técnicas u organizativas», en las razones organizativas, claro, cabe todo. Antes el trabajador podía recurrir a la justicia diciendo que dicha movilidad funcional no cumplía con el requisito de las «necesidades perentorias o imprevisibles de la actividad productiva», ahora, en términos prácticos, no puede recurrir (salvo para pedir el ascenso pasado unos plazos, pero esto no lo han tocado).

MOVILIDAD GEOGRÁFICA

El anterior art. 40 del ET (reformadísimo ahora) ponía como requisito que dicha movilidad «contribuya a mejorar la situación de la empresa» o «favorezca su posición competitiva en el mercado». Se mantiene que esta movilidad esté justificada en «razones económicas, técnicas, organizativas o de producción», pero ya el precepto nos dice que las mismas se consideran cumplidas cuando «estén relacionadas con la competitividad, productividad u organización técnica o del trabajo en la empresa, así como las contrataciones referidas a la actividad empresarial». O sea, cualquier cosa mientras «esté relacionada», concepto totalmente amplio. Lo que vengo diciendo: Esto elimina en términos prácticos que el trabajador reclame ante la justicia para que la decisión del empresario sea revocada, así que si no acepta la movilidad solo le queda una salida: Renunciar (con una indemnización como la del despido procedente).

Se elimina todo papel de la autoridad laboral en este tema y se abre la posibilidad de, por convenio colectivo, establecer otros colectivos de trabajadores para darles prioridad de permanencia en su actual centro de trabajo.

MODIFICACIÓN SUSTANCIAL DE LAS CONDICIONES DE TRABAJO

Modificación profunda del art. 41 del ET. Se mantienen las razones («económicas, técnicas, organizativas o de producción») pero se incorpora la fórmula mágica que abre la mano para usar esta figura: «Se consideraran tales las que estén relacionadas con la competitividad, productividad u organización técnica o del trabajo en la empresa.» Otra vez ese «estén relacionadas», lo cual facilita enormemente su justificación. Al listado de condiciones que se pueden modificar se incluye la cuantía del salario (que antes no figuraba), estas son:

- Jornada de trabajo.
- Horario y distribución del tiempo de trabajo.
- Régimen de trabajo a turnos.
- Sistema de remuneración y cuantía salarial.
- Sistema de trabajo y rendimiento.
- Funciones, cuando excedan de los límites que para la movilidad funcional prevé el artículo 39 de esta Ley.

Para las modificaciones individuales se rebaja el tiempo de preaviso de 30 a 15 días. Eso sí, se amplía el derecho a rescindir el contrato de trabajo con derecho a indemnización (20 días por año de servicio, máximo de nueve mensualidades -tres menos que un despido procedente-), que antes no afectaba a las modificaciones en funciones ni al sistema retributivo (claro que antes en ese punto no incluía la cuantía del salario) y ahora sí.

Se modifica el procedimiento para las modificaciones colectivas, así cuando no hay acuerdo en el periodo de consultas el empresario puede decidir lo que le venga bien, que surtirá efectos a los siete días de haber sido notificado, caben reclamos individuales o colectivos ante la justicia (faltaría más), pero claro, las razones están tan abiertas que será difícil probar que esa causa de la producción no esté relacionada con la competitividad de la empresa (¡todo lo está!). Eso sí, el sistema para las modificaciones sobre condiciones establecidas en convenios colectivos se regirán conforme al nuevo art. 82.3 (visto en la tercera entrega).

Se modifica, de paso, el art. 50.1.a del ET (las causas justas de finalización del contrato por parte de los trabajadores) para eliminar como causa justa que la modificación afecte a su «formación profesional», ahora para que sea causa justa según dicho artículo debe ir en contra de este art. 41.1 del ET además de ir contra su dignidad como trabajador.

Suspensión y reducción de jornada

El art. 47 del ET ahora tiene redacción de un procedimiento propio cuando la suspensión o reducción de jornada son por causas económicas, técnicas, organizativas o de producción, y mantiene su vinculación al art. 51 del ET solo para los casos en que dicha reducción o suspensión se deba a fuerza mayor. En el proceso dibujado por el art. 47 del ET la autoridad laboral pasa de ser quien aprobaba a un simple acompañante que informa pero no interviene.

Así el procedimiento de suspensión o de reducción de jornada, por parte del empresario, se inicia dando parte a trabajadores (proceso de consulta) y a la autoridad laboral (que es quien avisa a la gestora de las prestaciones y hará un informe preceptivo que no sirve de mucho). Al final del proceso de consultas el empresario notifica su decisión a los trabajadores (por tanto, no requiere acuerdo) y a la autoridad laboral (para que comunique a la gestora de las prestaciones). La amplitud de definición de las causas nos trae la consecuencia tantas veces repetida: Será más fácil justificar una suspensión de contrato o reducción de jornada, lo cual dificulta al trabajador el reclamar contra la misma.

Cuando hay fuerza mayor el procedimiento será el marcado en el art. 51.7 del ET (que era lo que había antes).

Se incorpora la previsión de que el sector público pueda realizar estas suspensiones y reducciones, «siempre y cuando sus ingresos provengan fundamentalmente como contrapartida de operaciones realizadas en el mercado» (se introduce en el ET la Disposición adicional 21ª).

CONTRATO A TIEMPO PARCIAL

Otra de las modificaciones incluidas en el ET es levantar la prohibición genérica de realizar horas extras a los que tenían los contratos a tiempo parcial, así se modifica el art. 12.4.c) del ET para permitir que realicen este tipo de horas, con el siguiente límite: «El número de horas extraordinarias que se podrán realizar será el legalmente previsto en proporción a la jornada pactada.»

Cuando estudié Derecho Laboral, hace muchos años, se explicaban las horas complementarias como «las horas extras que deben ser pactadas», en términos generales no conozco un contrato a tiempo parcial que no incluya un pacto sobre horas complementarias (la diferencia con las extraordinarias es esa, que hay que pactar su posible realización). **Ahora se incorporan las extraordinarias pero no se quitan las complementarias.** ¿Eso qué significa? Que un trabajador a tiempo parcial podrá organizar peor su tiempo, pues a su jornada de trabajo se puede ver incorporadas horas complementarias más horas extraordinarias (el límite de la suma entre horas contratadas, extras y complementarias es el mismo que marca la frontera entre contratos a tiempo parcial y jornada completa). Lo lógico hubiese sido quitar las horas complementarias.

CONSIDERACIONES FINALES

He leído y escuchado a varios detractores de la reforma hablar de «legalización del acoso laboral», en parte tienen razón: Si un empresario quiere hacerle la vida imposible a un trabajador (modificaciones y movilidades mediante) puede, y las causas son muy fáciles de justificar, con lo que al trabajador solo le queda una solución: Renunciar (con una indemnización, incluso, por debajo del despido procedente). Todas estas normas aumentan las prerrogativas del empresario para que modifique el coste y forma de trabajo de una serie de personas con las que contrató otra cosa.

A gente que «justifica» o «defiende» la reforma le he escuchado varias veces un ejemplo hipotético que, para mi gusto, echa más sombras que luces, y que busca justificar la flexibilidad, tanto interna como externa (despidos), dice más o menos así: «Con la anterior legislación, con ese despido siempre improcedente a 45 días, una empresa con cincuenta trabajadores que necesitara despedir a diez veía que era más fácil cerrar la empresa o centro y echar a los cincuenta que disminuir solo diez trabajadores.» Entiendo que esto puede servir para justificar eliminar la autorización administrativa para los despidos colectivos, pero nada más. Si una empresa no es capaz de pagar la indemnización al 20% de su plantilla, ¿con qué piensa pagar a los trabajadores el siguiente o los siguientes meses? También demuestra que es un empresario incapaz de negociar con los trabajadores (ERE mediante acuerdo) o que prefiere echar a 10 antes que disminuir el tiempo de trabajo a los cincuenta (o a cuarenta). Ahora bien, ¿por qué podemos flexibilizar los contratos de trabajo pero no el resto de contratos que tiene la empresa? Por ejemplo, legislar para que una empresa con tres trimestres en pérdidas puede pagar solo la mitad de su deuda con todos los acreedores, y que se considerará que cada mes que paga la mitad ha pagado, en realidad, el entero de lo que debe ese mes. ¿Que les parece una barbaridad? ¿Que los bancos pondrían el grito en el cielo? Es lo que se hace con los trabajadores, ¿por qué no se puede hacer con otros «proveedores»? Al trabajador se le puede disminuir el sueldo (como vimos) porque hay pérdidas, pero debe seguir prestando el mismo servicio (sigue alquilando su fuerza de trabajo por el mismo tiempo, pero a menos dinero cada unidad de tiempo) sin que eso se vuelva una deuda a futuro para el empresario. Seguro que a muchos de los que defienden la reforma les parece absurdo que la *Bodega Paco* deje de pagar el alquiler entero del local si lo sigue disfrutando, pero defiende que la misma Bodega pague menos a sus trabajadores y les cambie otras condiciones.

La prueba eterna, los cambios en formación y otros

Esta quinta entrega de apuntes sobre la reforma laboral tratará, básicamente, sobre los cambios en la contratación y en temas de formación, de paso tocaré una serie de «otras medidas» que no tendrán entrada propia. Los dos primeros mencionados son puntos que se han destacado bastante en el debate público tras la aprobación de la misma (antes no existió debate, a diferencia de otros *decretazos*), ya sea para mal (cuando se ponía sobre la mesa el periodo de un año en prueba, por parte de los detractores de la norma) o para bien (las bonificaciones y ayudas fiscales y sobre el «verdadero derecho a la formación», por parte de quienes la defienden y aprobaron), creo que ambas exposiciones carecen, en realidad, de ver la imagen completa tras la reforma. Con esto no quiero decir que mi visión sea objetiva (no lo pretendo, es subjetiva, parcial, ideologizada y *todo eso*) o realmente completa, aunque sí intento que sea, al menos, «amplia» y ayude, un poco, a entender lo que la reforma cambia.

Una nueva figura contractual

No deja de ser curioso cómo un partido que quería simplificar los contratos (porque, según ellos, hay muchos) en su gran primera reforma elimine un tipo contractual (igualando a la baja) y cree otro. Cuando dicen que la legislación laboral en España es muy compleja y es difícil contratar, la verdad, yo no termino de entender esas dos críticas, es cierto, tal vez sea «complejo» acertar con el contrato que más beneficia a la empresa (no tanto: «temporal», el 90% de las nuevas contrataciones demuestran que ese es, en la práctica, el camino fácil y barato), pero fácil es todo lo que quieras y más, incluso se puede contratar sin ponerlo por escrito (si tiras por el contrato indefinido a tiempo completo), aunque estaría, la empresa, faltando a una obligación administrativa, no sería un error *laboral*.

Vamos a lo sustantivo: El nuevo tipo de contrato solo lo pueden hacer empresas con menos de 50 trabajadores (no pueden usarlo las que hayan despedido por razones objetivas y haya sido declarado improcedente en los seis meses antes a la nueva contratación, siempre que sea para el mismo o similar puesto de trabajo, el tiempo comienza a contar desde la entrada en vigor del RDL 3/2012) y tiene dos particularidades:

- Debe ser indefinido a tiempo completo (esto, personalmente, creo que es un error, máxime cuando la propia norma declara que quiere potenciar los contratos a tiempo parcial, deberían haber dejado la posibilidad de firmar estos contratos a tiempo parcial, al menos a jornadas que superen el 40% de la legal o algo así);

- el periodo de prueba, en todo caso, será de un año (el periodo de prueba se establece en los convenios colectivos y, a falta de estos, se rige por el periodo del art. 14 del Estatuto de los Trabajadores -ET en adelante-, que distingue entre técnicos titulados -máximo 6 meses- y los demás trabajadores -dependiendo del tamaño de la empresa, 2 o 3 meses-).

Esta parte, la del periodo de prueba de un año, es la que ha traído la controversia. ¿Por qué? Simple: Durante un año el empresario podrá decirle al trabajador que se vaya a su casa, no tendrá, el trabajador, derecho a percibir indemnización alguna (o sea, *coste cero* del despido) ni es necesario que se alegue causa alguna para este despido (todo lo que hablamos sobre procedentes, improcedentes y demás no se aplica). Si se fijan en el art. 14 del ET encontrarán una referencia a que los Convenios Colectivos regulen el tema sin poner límites (lo que se llama una relación de supletoriedad por parte del ET), y en más de un Convenio se ha llegado a poner hasta dos años de periodo de prueba, ahora bien, la doctrina del TS, en este aspecto, es protectora de los derechos de los trabajadores, y en no pocas ocasiones ha determinado que periodos de prueba de un año pueden ser un abuso de derecho (como pasa en la reciente STS 5455/2011), y que las extinciones en los últimos días del periodo de prueba, cuando estos son largos, pueden ser un fraude de ley, el TS ha vinculado constantemente el periodo de prueba a una necesidad real de «probar» las capacidades del trabajador, así que para ciertos trabajos (como el de comercial) asegura que no existe razón jurídica para un año de prueba (más cuando se compara con periodos de prueba de otros puestos que tienen más complejidad o más responsabilidades dentro del mismo convenio que tengan un menor periodo de prueba). Bien, toda esta doctrina choca con la nueva realidad jurídica: Para todos un año. Ya no hay graduación, da lo mismo quien limpia que quien lleve la contabilidad o todo el sistema informático, o pase a limpio las facturas, todos un año de prueba.

De la STS 5455/2011 me permito rescatar parte del Fundamento Jurídico 4ª:

> «[P]ues una regulación convencional en la que se fije una duración excesivamente dilatada de dicho período, bien puede sugerir -como ha puesto de manifiesto la doctrina científica- que se esté dando amparo a un resultado que, en la práctica, puede asemejarse a la funcionalidad real de los contratos temporales, lo que podría

encubrir situaciones de fraude de ley al poder utilizarse para enmascarar unos fines no queridos por el citado precepto estatutario.»

¿Qué es lo que hace la nueva figura contractual? Llama *indefinido* a un contrato que en realidad es *temporal*, de *casi* un año. Y lo que es peor (para los empresarios): Abre las puertas a las reclamaciones judiciales por fraude de ley en las extinciones de los contratos cercanos al año de duración. En todos esos trabajos poco cualificados con tiempos de prueba muy largos (los comerciales son los que más lo sufren), incluso cuando es de seis meses, es usual que extingan los contratos de la casi totalidad de la plantilla en pruebas (¿cómo es posible que nadie o casi nadie supere esos seis o un año de prueba?) justo los últimos días del periodo de prueba (o el último), en Salamanca era conocida una empresa que hacía esto de forma repetida. ¿Por qué? Simple, se tienen trabajadores bonificados como indefinidos cuando en términos prácticos son trabajadores temporales y se les despide gratis (hasta a los temporales hay que pagarles algo). **Lo que hace la norma es dar carácter legal a lo que hasta ahora era un fraude de ley**. Pero no volverá legales esas extinciones el último día, espero que la gente reclame y se vea los fallos de este contrato *indefinido*, de ese absurdo periodo de pruebas de un año para todos igual (vean que le suben diez meses a la mayoría de trabajadores).

Esta nueva figura contractual, como casi cualquier figura de «fomento de contratación indefinida», tiene dos grandes bonificaciones a la seguridad social (según colectivos, con menores de 30 y con mayores de 45 -si son parados inscritos al menos 12 meses en los últimos 18-) y unas incentivos fiscales la mar de amplios (por ejemplo, una deducción fiscal de tres mil euros si el primer contrato de trabajo se realice con un menor de 30 años), algunas vinculadas a la prestación por desempleo del contratado (lo que incentiva a contratar personas que tengan prestación por desempleo contributiva, lo cual deja fuera de juego a quienes no tienen prestación por haberla agotado). Estas bonificaciones y deducciones, en contra de lo que he leído publicado y he escuchado a los defensores de la norma, no se aplican a todos los nuevos contratos, sino solo a este tipo contractual.

OTRA REFORMA MÁS DEL CONTRATO DE FORMACIÓN Y APRENDIZAJE

No saben qué hacer con esta figura contractual, ubicada en el art. 11.2 del ET. Tres reformas en los últimos tres años (de junio de 2010 a febrero de 2012). La penúltima reforma de este apartado desvinculó a la empresa de la actividad formativa, amplió la edad hasta 30 años de forma excepcional, y permitió que la formación fuera de cualquier cosa y no necesariamente sobre el puesto de trabajo, lo que en gran medida desvirtuaba el tipo contractual pero daba oxígeno a quienes quisieran sacar la ESO (o cualquier otra cosa) mientras trabajaban, ampliando, eso sí, las bonificaciones (¡que no sirven! España gasta como el resto de países de la UE en incentivo a la contratación, ¡pero gasta mal! las bonificaciones son el peor sistema).

Bien, esta reforma lo que hace es ampliar el tiempo máximo de este tipo de contratos a 3 años (antes los de 3 años eran la excepción, ahora son la norma), mantiene provisionalmente los 30 años (mientras el paro sea superior al 15%, que dice la Disposición Transitoria 9ª, luego se bajaría a 25 años), se abre la posibilidad para que un trabajador que haya tenido este tipo de contrato sea, nuevamente, contratado con este tipo (siempre y cuando no sea para el mismo puesto de trabajo), se vuelve a dar la posibilidad de que se eduque en la empresa (siempre y cuando tenga instalaciones adecuadas para esta formación). Se eleva el tiempo máximo de trabajo, de 75% durante todo el contrato (antes máximo de 2 años) a 75% el primer año y 85% el resto. La parte del financiamiento de la actividad formativa también cambiará, y hablo en futuro porque se deja para un ulterior desarrollo reglamentario. Eso sí, la reforma insiste en las bonificaciones a la seguridad social (que llega al 100%) en las que no entraré e insistiré, como hice en el párrafo anterior, en una idea: No sirven (o sirven de *muy* poco, si no quieren ser tan tajantes).

TRABAJO DESDE CASA

Esto no supe si ponerlo acá o en tema de la flexibilidad interna... Bien, antes existía la figura contractual de «trabajo a domicilio» (aun hoy bastante usada, antiguamente en sectores como el textil era el pan nuestro de cada día), esa figura tenía como especificidad no solo que el hogar (donde quisiera el trabajador, realmente) fuera el centro de trabajo, sino que no existía «vigilancia» por parte del empresario (es una de las características del poder de dirección del empresario), bien, en la modificación del art. 13 del ET se elimina el tipo contractual para crear un marco jurídico para los «acuerdos de trabajo a distancia», se elimina eso de la no «vigilancia» (con lo que en el trabajo a distancia el empleador sí puede tomar medidas de vigilancia), este acuerdo puede ser inicial (desde el propio contrato de trabajo) o posterior (el trabajador y el empresario acuerdan que desde un momento el trabajador ya no tiene que ir al centro de trabajo), aplicándose las reglas del art. 8.3 del ET, debe ser, claro, por escrito. El trabajador tiene los mismos derechos que los que laboran en centros menos aquellos directamente vinculados con el hecho de trabajar en los centros (por ejemplo, no tiene el plus de transporte que se da por ir al centro, etc.), y deberán estar «adscritos» a un centro de trabajo para los temas vinculados a sus derechos de representación colectiva.

CAMBIOS EN LA FORMACIÓN

Uno de los cambios más importantes que veo en todo este tema, más allá de la individualización del derecho formativo de los trabajadores, lo encuentro en la inclusión de los centros y entidades de formación acreditados en la participación en el diseño y planificación del subsistema de formación profesional (art. 26.1.c de la Ley 56/2003). ¿Esto qué supone? Hasta ahora la formación la diseñan y planifican patronales y sindicatos por acuerdo en comisiones paritarias (todo eso que se habla de las subvenciones a sindicatos y patronales viene, en gran medida, por la gestión que hacen de la formación, que se quedan con un porcentaje -un máximo fijado por ley existe- cuando ellos la ejecutan o subcontratan, la mayoría del dinero que reciben estas personas jurídicas no son subvenciones a su estructura, sino una suerte de *subvención indirecta* a la formación que gestionan), la justificación era clara: **Las empresas *saben* lo que quieren según sus necesidades** (en qué quieren invertir en capital humano) y **los sindicatos *saben* lo que**

sus afiliados / representados necesitan (sí hacen encuestas y diseñan la formación según lo que estos piden). **¿Cómo se justifica que las empresas que dan la formación intervengan en el diseño y planificación?** ¿Qué empresas y cómo estarán acreditadas? ¿Cómo demuestran su representatividad para entrar en el diseño con un determinado peso? Donde más pelea hay (en cada bancada por su lado) es qué peso tiene cada uno en la negociación (si representas el 10 o el 30% del sector, etc.), eso tiene una forma de medirse más o menos clara o al menos posible, ¿cómo lo harán con las empresas formativas? ¿Según sus *clientes*? ¿Qué conocimiento tiene una empresa formativa de las necesidades de un sector que pueda ir por delante, por ejemplo, de los intereses de las empresas de dicho sector? **Las empresas formativas defenderán meter en el diseño y planificación lo que tienen en su cartera de productos**. No tengo nada claro este punto, no le encuentro justificación alguna a esta intromisión de unos prestadores de servicios derivados de las necesidades, ahora serán *creadores* de las necesidades. Puedo entender (aunque no lo comparta) el poder que se le da a los sindicatos (por la representación en elecciones) y patronales (por número de trabajadores y empresas representadas en su seno), no sé de dónde sale el poder y representación de los que prestan un servicio.

Sobre los derechos de los trabajadores, entrando en lo que más se ha hablado y saliendo de ese tema de planificación antes tratado, al derecho genérico de «la formación profesional» se le incluye la formación «dirigida a su adaptación a las modificaciones operadas en el puesto de trabajo» (art. 4.2.b del ET), lo cual no debería ser tanto un derecho específico del trabajador sino una obligación del empresario (como queda patente en el tema de la flexibilidad interna y en el tema del despido que ya vimos, cuando se producen cambios en el puesto de trabajo). También se modifica el art. 23 del ET («promoción y formación profesional») para incluir:

- Derecho a permisos oportunos de formación y perfeccionamiento profesional con reserva de puesto de trabajo;
- Derecho a la formación necesaria ante las modificaciones del puesto de trabajo (esto estaba como obligación en otro apartado, ahora se incluye acá también);
- Los trabajadores con al menos un año de antigüedad tienen derecho a un permiso retribuido de 20 horas por año trabajado (acumulables hasta por tres años) para formación en temas vinculados a su puesto de trabajo (la concreción de su disfrute se acuerda entre empresario y trabajador). Este punto ha sido muy criticado por la bancada patronal al entender que no hay dinero para pagar esas veinte horas extras si es que

un trabajador las pide, y por el lado sindical por no dejar claro cómo se resuelve la controversia en la concreción (algo que puede dar problemas). Queda en el aire qué tan vinculado debe estar esa formación con el puesto de trabajo. Esta, en realidad, es una forma de distribuir la inversión en capital humano entre el trabajador y el empresario, al vincularlo con el puesto de trabajo el legislador hace que el empresario se pueda beneficiar de esta formación de forma directa, costándole 20 horas de trabajo al año, mientras que es el trabajador quien debe pagar la formación (así que él también invierte en su capital humano, favoreciendo a la empresa), lo malo es que está mal regulado el tema y puede dar lugar a conflictos judiciales francamente absurdos.

Un punto del que se ha hablado mucho es la creación de una «cuenta de formación» vinculada al número de afiliación a la seguridad Social donde se apuntará toda la formación recibida por parte del trabajador según el catálogo de Cualificaciones Profesionales, este tema permitirá hacer un seguimiento real de la formación de una manera sencilla, en principio es positivo, esperemos al desarrollo reglamentario (mandado por la DF 2ª del RDL).

Se introduce, con la reforma, un debate: ¿Debe existir un «cheque formación»? No, no se crea, se abre el debate, en serio: La

Disposición final 3ª del RDL 3/2012 manda al gobierno a iniciar un proceso de consulta con los interlocutores sociales para ver si es conveniente o no el crear un «cheque formación» destinado a financiar el «derecho individual a la formación de los trabajadores». Y esto de «se crea un cheque de formación» lo he leído a más de uno, no, no se crea nada, se establece una obligación de consulta para ver si se crea o no, y en qué condiciones. Esto va unido a la «individualización» de la formación y lo vinculo al último punto del art. 23 (el largo de hace dos párrafos) y a la introducción de las empresas formativas en el diseño y planificación del subsistema, esto es, se desliga la formación en gran medida de una inversión directa en capital humano manejado por las propias empresas (porque es algo que ya pagan, y se benefician doblemente si realizan la formación) y que da *vidilla* a los sindicatos (léase *fondos*) a que sea el trabajador quien se busque la vida en la formación que quiere seguir y la pague a costa de lo que él ya tributa por formación (a la Seguridad Social, por si nunca han visto sus propias nóminas). Este apartado introduce un posible cambio profundo en la actividad formativa, y por qué no decirlo, un posible aumento de los beneficios de las empresas que se dedican a la formación y un aumento también de los costes de formación (esto lo digo por la experiencia de otras ayudas, como a alquileres o compras de vivienda, en la práctica lo que se hace es sumar la ayuda al precio), y en gran medida no es que ayude a la «individualización» del derecho a la formación, pero sí a la «liberalización» de la formación (más de lo que ya está).

OTRAS DISPOSICIONES

Desde el principio avisé que no sería un recorrido por toda la reforma laboral, entre otras cosas porque no tocaría el tema de la amplia modificación de la legislación procesal, pero para ir acabando recogeré brevemente unas cuantas medidas concretas adoptadas:

- **Intermediación laboral**: Las Empresas de Trabajo Temporal (ETT) podrán ejercer de agencias de colocación, para ello se modifica el apartado 3 del art. 16 del ET (la definición existente), los artículos 1 y 2.1.b de la Ley 14/1994 (la legislación que regula las ETT) y la Disposición Adicional 2ª de la Ley 56/2003 (la que regula las agencias de colocación), básicamente lo que se hace es decir que las ETT se regularán por la ley 56/2003 cuando ejerzan de agencias de colocación. Las últimas reformas han traído una liberalización de todo el tema de las agencias de colocación, también una ampliación del trabajo de las ETT, en este momento la cesión de trabajadores, como tal, ya debería ser prohibida totalmente y convertir a las ETT en lo que realidad son (según la práctica): Agencias de colocación. Para las agencias de colocación se ha introducido, por la puerta de atrás, un cambio grandísimo: Ahora el silencio administrativo ante una petición de una entidad para ser agencia de colocación pasa a ser positivo (art. 21 bis.2 de la Ley 56/2003), esto es, si una empresa pide autorización para ser Agencia de Colocación y la administración no responde significa que tiene la autorización (antes significaba que no la tenía).

- **Desempleo**: Antes el programa de sustitución de trabajadores en formación por trabajadores beneficiarios de prestación por desempleo (DT 6ª de la Ley 45/2002) era voluntario para el trabajador, ahora es obligatorio.

- **Pago único de la prestación por desempleo**: Una de las medidas que presentó a bombo y platillo el gobierno la encontramos en la Disposición Final 13ª del RDL (no es broma, tan importante en la rueda de prensa, y metida de casualidad en la norma, y fuera del articulado, como varias de las medidas destacadas en dicha rueda de prensa), para ello se modifica la Disposición Transitoria 4ª de la Ley 45/2002, así se permite que quien quiera constituirse como autónomo pueda cobrar de un solo tirón el 60% de su prestación, o el 100% si es hombre menor de 30 años o mujer menor de 35 años. Estas medidas que fomentan el «autoempleo» son un arma de doble filo, permiten que una persona pueda seguir trabajando sin empleador (algo que favorece a la recolocación de personas del mundo de la construcción, a profesionales liberales, a quienes tienen una idea de negocio) pero, por otro lado, supone un riesgo muy alto a quien decide iniciar dicho camino, porque puede verse sin prestación ni posibilidades al poco tiempo de perder el trabajo, la experiencia en este sentido es contradictoria, y en épocas de vacas flacas es un riesgo muy elevado (al no existir un marco económico que permita vislumbrar un futuro más claro), aun así, esta medida en principio me parece positiva (aunque bien se pudo abrir el 100% o más del 60% por lo menos, a los mayores de 35 años).

Hoy no habrá consideraciones finales al ser un popurrí de materias las tratadas, y ya en la próxima entrega cierro estos *apuntes*. Espero que les haya servido de algo.

¿Para cuándo la huelga general?

Ya para acabar con este «resumen-crítica» de la reforma Laboral aprobada mediante Real Decreto-Ley 3/2012 queda realizar una valoración global de la reforma. Lo primero que me viene a la mente es la lentitud con la que las principales centrales sindicales deciden si realizar una Huelga General. Por menos que esto fuimos a la calle en el 2010 (tarde y mal, pero fuimos, esa tardanza también fue responsabilidad de los sindicatos mayoritarios, de sus direcciones, que desconocieron el clamor de sus bases y del resto de los trabajadores). CC.OO y UGT, por lo visto, están barajando dos posibles fechas para la Huelga General[14], pero en realidad no definen si finalmente la convocarán o no. La otra duda que tengo es si el gobierno se está riendo en nuestra cara, la de todos los trabajadores, cuando afirma cosas como: «Esta es una reforma en la que todos ganan, empresarios y trabajadores, y que pretende satisfacer más y mejor los legítimos intereses de todos» (exposición de motivos del RDL 3/2012, 8º párrafo *in fine*).

La reforma laboral, en realidad, ni siquiera es «necesaria», algo que el propio texto se olvida de reconocer es que la destrucción o creación de empleo, más allá del marco normativo, depende realmente del tejido productivo del país, solo hay que ver cuánto empleo ha destruido la construcción y toda la industria y empresa vinculada de forma directa e indirecta para saber que ya podríamos tener este mismo texto normativo hace unos años que esas millones de personas se hubiesen quedado sin trabajo igual. Si nos fijamos en la temporalidad, otro de los puntos que destaca y quiere «combatir» la norma aprobada (¿aumentando el periodo de prueba a un año?), no está causada por la legislación, sino por la práctica empresarial, sectores con mucha mano de obra temporal y la falta de aplicación de la ley (no se comprueban las causas, no es posible que el 90% de las nuevas contrataciones sean contratos temporales que se adapten al sistema causal del Estatuto de los Trabajadores), por ello la crisis ha hecho bajar la tasa de temporalidad (del 33 al 25%, más o menos), porque se ha destruido mucho empleo ahí donde el trabajo es fundamentalmente temporal (como en el sector de la construcción, que tiene épocas del 70% de temporalidad).

La reforma es de tal calado que en un sistema democrático no se entiende que se haya aprobado sin debate alguno, de un día para otro nos vimos con un extenso texto sobre la mesa, ¿de dónde salió?, ¿ya lo tenían antes de las elecciones? Otros *decretazos* (el de 2010 y el de 2011, sobre la negociación colectiva) al menos vinieron de un debate más o menos extenso sobre sus extremos, sin ir más lejos, el de 2011 se parecía, y mucho, a lo discutido y *casi* firmado en la concertación social (más duro, eso sí, que aquel texto), este fue invisible todo el tiempo, hasta que el gobierno lo aprobó (aunque ya los ministros y el presidente fardaban de reforma dura, agresiva, y que costaría una Huelga General, ante los colegas europeos). Lo que es peor, tras la reforma tampoco quieren debatir, «solo cuestiones técnicas». No sé lo que entienden por las mismas (¿si está mal redactado un apartado?), pero es un tema ideológico el que nos toca discutir.

Los trabajadores no ganamos nada con la reforma, o, si quieren, son migajas las que nos tocan. ¿La tan cacareada vuelta atrás con el tema de los encadenamientos de contratos? El Partido Popular ha vendido, y mucho, esa medida, pero es una verdad a medias, solo adelanta el fin de la suspensión de la aplicación del apartado 5 del art. 15 del ET, y se podrán encadenar contratos sin obligación de pasar a fijo hasta el próximo año (el uno de enero), así que esa medida aun no es efectiva. ¿El tema del pago único de la prestación de desempleo para volverse autónomo? Pues sí, personalmente la veo positiva, pero si el pago para una medida así es toda la reforma, creo que el precio es extremadamente alto por ese *favor*. Y se nos imponen. ¿Que la mayoría de ciudadanos ha votado por este gobierno? Lo vinculo con el párrafo precedente: ¿Contó el PP lo que iba a hacer? En algunos temas realmente no sorprende, pero en otros, venga, han contradicho la campaña de forma directa (como en el abaratamiento del despido). No solo hemos sido, los trabajadores, excluidos del debate, sino que fuimos (fueron) engañados en buena medida.

SOBRE LOS EFECTOS

El Banco de España ya está aplaudiendo la reforma, así como lo han hecho todos aquellos que defienden una visión del mercado del trabajo más bien *neoclásico*, pero ellos mismos siguen sin entender las particularidades del mercado de trabajo, siguen sin ver que no es «un mercado» sino muchos, y, por supuesto, siguen sin ver que la fuerza de trabajo y los rendimientos del trabajo es lo único que la gran mayoría de personas tenemos, tanto para ofrecer como para vivir. Son los mismos que han estado durante mucho tiempo hablando de la moderación salarial como creadora de empleo (durante la crisis la moderación salarial ha sido fuerte y se ha seguido destruyendo empleo), y al final la OIT ha determinado, visto lo visto, que no, que no crea empleo. Además, si es por capacidad «creadora», con la legislación vigente hasta el mes pasado España llegó a tener menor tasa de desempleo que Alemania. Eso sí, ya nadie dice que esta norma «creará» empleo «en el corto plazo», lo hará «a medio o largo plazo», lo cual es hacer trampa analítica, si se sale de la crisis económica (y se saldrá, tarde o temprano) se crearán puestos de trabajo, esté o no esta reforma. Este cambio normativo, eso sí, apunta en cierta medida al lado contrario al que nos interesaría como trabajadores en cuanto al sistema productivo, en vez de hacer más competitivas a las empresas por sus procesos, investigación, calidad y demás, se apunta casi exclusivamente a tratar al trabajador como un coste que hay que disminuir (menos salario por más horas de trabajo, menos derechos).

No creo, como a veces se dice, que esta reforma traerá un fuerte desempleo, a corto plazo puede, pero más vinculado con despidos colectivos o individuales que se han aguantado una vez se supo que el gobierno tenía una reforma laboral en la recámara, pero fuera de eso (que es más anecdótico que estructural), pero los despidos, como las contrataciones, dependen de otras cuestiones, si la empresa necesita esos trabajadores los mantendrá aunque el despido sea más barato y más fácil. Esto en la suma agregada. Otra cosa es que desde ahora puedan haber más contratos fijos que solo lo son de nombre, y que exista una rotación de trabajos mayor (que es lo que pasa en países con legislaciones muy flexibles y con baja temporalidad, que en términos prácticos la gente rota más de trabajo que en los sitios con mucha temporalidad, porque es trabajo «fijo-precario»). Lo que sí generará la reforma es un efecto sustitución por dos lados, por uno, trabajadores con derechos, antigüedades y demás que verán como o renuncian a los mismos o pierden el trabajo por otros trabajadores sin dichos derechos (los mismos si renuncian a pelear por sus derechos).

El gran efecto de la reforma no está tanto en su aspecto económico (creación o destrucción de puestos de trabajo vinculado al nuevo marco) sino en el laboral puro y duro: **han cambiado las reglas de juego**. Creo que ese debió ser el nombre de toda la *saga* de estos *apuntes* (y no solo de dos artículos). La negociación colectiva ha cambiado de forma muy profunda, no solo por la actual primacía de los convenios de empresa en *casi* todo lo importante, que ya es un cambio profundo en sí mismo (y en esa dirección ya iba la reforma del 2011), sino también por el aumento de las prerrogativas empresariales al punto de poder variar lo ya acordado.

Hasta ahora se entendía que el convenio colectivo era un contrato-norma que obligaba a las partes durante su vigencia, se fueron integrando en el mismo facilidades para su adaptación durante la vigencia del mismo, siempre de mutuo acuerdo, dejando de paso una pequeña vía para que determinados temas, cuando existieran razones más que probadas y profundas, pudiera variarse por parte del empresario lo acordado, ya sea por sus representantes en el convenio, ya en el contrato de trabajo, ahora no, se abre tanto las causas que justifican estas variaciones que prácticamente se da todo el poder a una parte para incumplir lo pactado. Eso es: incumplir. ¿Qué más dará lo que firme un empresario si al final podrá hacer lo que quiera? Ese «poder» que ahora tiene el empresario al momento de negociar cualquier cosa es una amenaza constante para la otra parte.

Lo que es peor, el empresario durante la vigencia del convenio puede cambiar las condiciones, pero el trabajador no, supongo que se seguirá prohibiendo las huelgas de mejora de convenio durante su vigencia, cuando, para que sea una reforma equilibrada, se tendrían que permitir, así como peticiones del tipo «señor empresario, ya que su empresa tiene más beneficios de los esperados, nos pagará a todos los trabajadores más este año, habíamos pactado una subida del IPC para este curso, pero habida cuenta de lo ya mencionado, queremos dos puntos sobre el IPC desde junio», y si el empresario no está de acuerdo con la petición, a la justicia social para «parar» la aplicación del cambio propuesto por los trabajadores. ¿Les parece absurdo? Es lo que se hace pero solo a favor de una de las partes de la relación contractual.

Las reglas también han cambiado en otro punto: Realmente permite mayor individualización de las relaciones de trabajo. Y desde el lado negativo, a la baja. Lo que para altos directivos o personal muy cualificado ya es una realidad y a nadie le preocupa o molesta (porque es a la alza), con los puestos no cualificados es, simplemente, un abuso. O lo será. Esto es lo que algunos comentaristas comentan como la «legalización del acoso laboral», razón no les falta.

Se defiende la norma como «equilibrada», el propio texto lo repite una y otra vez, pero, como ya dicen los detractores más agudos, no es que sea *desequilibrada*, es que es *desequilibrante*, no solo da más poder a una parte, sino que permite que la misma incluya en las relaciones laborales más y más desequilibrios. Y esa parte, claro, no es la de los trabajadores.

Con esta reforma los trabajadores perdemos, y mucho, se acabó lo que se daba en cuanto a la negociación colectiva, potencialmente se precariza todo el empleo y se *flexibiliza* las relaciones laborales cuando las mismas no se dan entre iguales, se dan entre una parte con mucho poder y otra, el trabajador, sin ninguno, y toda su fuerza se encontraba en el lado de lo colectivo, que ahora desaparece en buena medida.

LA COARTADA

La crisis, queridos lectores, solo es una excusa para colarnos la reforma y hacer llamamientos a la «calma» y «responsabilidad colectiva», la crisis nos tiene asustados y nos deja aceptar lo que en otras épocas hubiese planteado más dificultades, la moderación salarial, estos temas del descuelgue y los de flexibilidad, ya se iban introduciendo poco a poco en las reformas de 2001, 2002 y 2006, época de vacas gordas, en el 2002 se intentó eliminar los salarios de tramitación (y gracias a la huelga general pudimos recuperarlos parcialmente), así que la reforma no viene por la crisis, no es consecuencia de la misma, sino que es un golpe que llevan un tiempo tratando de asestar, y que finalmente lo hemos recibido de un solo guantazo. Las reformas que antes eran paso a paso ahora se han dado todas juntas de un brinco.

Prácticamente todos los cambios que se han hecho y nos han perjudicado luego se asientan y permanecen en la legislación (salvo unos pocos corregidos en el 97 tras ser introducidos en el 94), hasta ahora o viene una buena huelga general o las reformas no se corrigen nunca. ¿Lo vamos a aceptar? **¿Vamos a dejar que nos quiten derechos o vamos a defender los mismos? Yo voto por defenderlos**.

EPÍLOGO

Entre que se tramitaba el ISBN y demás, han pasado algunas cosas importantes, la primera y más significativa: Se convocó la huelga genera para el 29 de marzo.

Aun no se celebra al cierre de esta edición, pero parece improbable que se desconvoque en los pocos días que quedan para la misma.

La actitud de los sindicatos mayoritarios ha sido la de buscar el acuerdo para evitar la huelga, pero no han conseguido que ni el gobierno ni las patronales se sentaran con ellos, el proceso de conciliación previo a la convocatoria oficial acabó sin la comparecencia de la CEOE y de CEPYME, el gobierno, por su parte, simple-mente se ha dedicado a arremeter contra la huelga por ser «irresponsable» en los tiempos que corren, asegurando además que ya se reunieron todo lo necesario con los agentes sociales y que no podían posponer más la reforma, hay que recordar que jamás se presentó un borrador a los sindicatos, así que difícilmente se puede hablar de una negociación como tal.

También se convalidó el texto y se inició su tramitación parlamentaria, lo más posible es que los cambios que se realicen sean menores y para contentar a los grupos como CiU, esto es, que favorezcan a competencias autonómicas vinculadas con la ejecución de las políticas activas de empleo, también pueden venir cambios que se llaman «técnicos», esto es, mejoras en la redacción de uno u otro artículo.

La derecha en el hemiciclo está muy comprometida con el contenido de la reforma, la alegría de los dirigentes de la CEOE fue patente en las ruedas de prensa en que valoraban la reforma, por más que decían que no era «la suya» y que también se debía ir «más allá».

Desde los medios de comunicación de la derecha española, además, se ha atacado duramente a los sindicatos por la convocatoria de la huelga general, así como por algunos de los días de las manifestaciones, como fue la del pasado 11 de marzo. Es hora de defender la huelga general[15] no solo como un derecho constitucional que no debería ser tan libremente atacado, sino como un instrumento de lucha que los trabajadores tenemos para reclamar nuestros legítimos derechos.

Ya por último este pequeño texto salió en versión «epub», tan libre como la actual impresa, pero gratuita, puede descargarla desde «Una Bitácora de Jomra»[16].

NOTAS

1.- Visite: <http://bitacora.jomra.es/>

2.- Noticia en el portal de CC.OO.: «CCOO y UGT ponen en marcha un proceso de movilización creciente y sostenido contra la reforma laboral», disponible en línea en: <http://www.ccoo.es/csccoo/menu.do? Informacion:Noticias:303657>, accedido el 4 de marzo de 2012.

3.- En el portal de la CGT podemos leer: «Madrid, 10 de Febrero: Concentración conjunta contra la reforma laboral», disponible en línea en:
   <http://cgt.org.es/spip.php?article2301>, accedido el 4 de marzo de 2012.

4.- Véase la nota «De medida temporal a parte del sistema», de 30 de agosto de 2011.

5.- Véase el Diario de Sesiones del Congreso de los Diputados, IX legislatura, de 22 de junio de 2010, número 176, página 40.

6.- Véase la entrada de Escolar: «Un discurso de plena actualidad», disponible en línea en:
<http://www.escolar.net/MT/archives/2012/ 02/saenz-de-santamaria-lo-que-necesita- espana-no-es-facilitar-el-despido-sino-

fomentar-la-contratacion.html>,   accedido
el 4 de marzo de 2012.

7.- Véase la entrada de Escolar: «González
Pons: "El PP no va a apoyar abaratar el
despido en ningún caso"», disponible en
línea en:
<http://www.escolar.net/MT/archives/2012/
02/gonzalez-pons-el-pp-no-va-a-apoyar-
abaratar-el-despido-en-ningun-caso.html>,
accedido el 4 de marzo de 2012.

8.- Véase la entrada de Escolar: «Rajoy:
"Son ustedes maestros en decir una cosa y
hacer la contraria"», disponible en línea
en:
<http://www.escolar.net/MT/archives/2012/
02/rajoy-son-ustedes-maestros-en-decir-
una-cosa-y-hacer-la-contraria.html>,
accedido el 4 de marzo de 2012.

9.- Véase la entrada de Versvs (José
Alcántara):   «Es   que   no   caben
argumentos», disponible en línea en:
<http://www.versvs.net/anotacion/no-
caben-argumentos>, accedido el 4 de
marzo de 2012.

10.- Véase la nota «De medida temporal a
parte del sistema», de 30 de agosto de
2011.

11.- Véase «El gobierno se carga la
negociación colectiva (sectorial)», nota de
16 de junio de 2011.

12.- Véase la entrada «Breves notas sobre
el PP y la negociación colectiva» de 19 de
septiembre de 2011.

13.- *Ibídem.*

14.- Véase artículo en El País «Los
sindicatos estudian convocar la huelga

general el próximo 29 de marzo», disponible en línea en:
<http://economia.elpais.com/economia/201 2/02/29/actualidad/1330531290_239311.ht ml>, accedido el 4 de marzo de 2011.

15.- Para *De Igual a Igual* escribí «En defensa de la huelga general», disponible en línea en:
<http://www.deigualaigual.net/es/opinion/fi rma/5493-defensa-huelga-general>, accedido el 11 de marzo de 2012.

16.- Pueden encontrarlo en:
<http://bitacora.jomra.es/?page_id=2827>